신순재
툭하면 체하고, 특히 걱정되는 일이 있거나 신경을 많이 쓰면 어김없이 소화불량에 걸립니다.
체하고 설사하고 토하는 많은 친구들에게 도움이 되었으면 하는 마음으로 이 책을 썼습니다.
그동안 쓴 책으로는 《방귀 방귀 나가신다》, 《아주 바쁜 입》, 《거짓말이 찰싹 달라붙었어!》,
《무서움이 깃털처럼 날아갔어》, 《지렁이 울음소리를 들어 봐!》 등이 있습니다.

이희은
동덕여자대학교 패션디자인과를 졸업하고, 어린이 그림책에 그림을 그리고 있습니다.
노오란 벽, 분홍 꽃무늬 사이로 햇살이 비치는 작은 작업실에서 마술사가 되었다가,
아기 사슴이 되었다가, 해적이 되기도 합니다. 이번에는 똥싸개 탐정이 되었습니다!
그동안 그린 책으로는 《시조님, 시조님 안녕하세요?》, 《살아 있다는 건 뭘까요?》,
《국수챔피언》, 《전기의 비밀을 찾아서!》, 《신화, 꽃을 피우다》 등이 있습니다.

스콜라 우리 몸 학교 ❶

도와줘요, 똥싸개 탐정!
배탈 똥탈이 났어요

글 신순재 | 그림 이희은

위즈덤하우스

이 세상에는 많고 많은 탐정이 있지.
범인을 뒤쫓는 추적 전문 탐정,
잃어버린 열쇠를 찾아 주는 열쇠 전문 탐정,
사라진 명화를 찾아 주는 명화 전문 탐정,
밤마다 나타나는 귀신의 정체를 밝혀 주는 귀신 전문 탐정 등.
난 그런 탐정들과 달라.
어떻게 다르냐고?

나는 배탈 똥탈 전문 탐정
똥싸개 탐정이야! 짜~잔!

이 세상에는 배가 아픈 아이들이 아주 많이 있어.
지금 이 순간에도 어디선가 배가 아파 울고 있는 아이가 있을걸.
아주아주 먼 옛날부터 지금까지,
지구 저 끝에서 이 끝까지 늘 배가 아픈 아이들이 있었어.
왜 배가 아픈 아이들이 이렇게나 많을까?
왜 배가 아프면 '철퍼덕!' 아니면 '끄응!' 이 될까?
그래서 내가 탐정이 되기로 한 거야.
이런 궁금증들을 풀어 줄 사람이 세상에 한 사람은 꼭 필요하잖아.
왜 하필 내가 그 일을 해야 하냐고?
배탈 똥탈이 나면 얼마나 괴로운지
누구보다 잘 알고 있기 때문이라고나 할까?

오죽하면 내 이름이 똥싸개 탐정이겠어?
그러니까 이제부터 배가 아플 땐
이렇게 외쳐 줘!

"도와줘, 똥싸개 탐정!"

이것들은 진정한 똥싸개 배지!
잘 먹고 잘 싸는 사람만 이 배지를 가질 자격이 있지.
자동차는 연료가 떨어지면 움직이지 못하잖아.
우리도 연료 떨어진 자동차처럼 되지 않으려면
음식을 먹어서 영양소를 흡수하고
남은 찌꺼기는 잘 내보내야 해. 뿌지직!
꿀꺽, 음식을 삼키는 게 끝이 아니야.
진정한 똥싸개가 되는 길은 거기서부터 시작이야!
그 비밀은 차차 알려 줄게.
아무튼 모두 모두 진정한 똥싸개가 되어서
이 멋진 배지의 주인이 되어 봐!

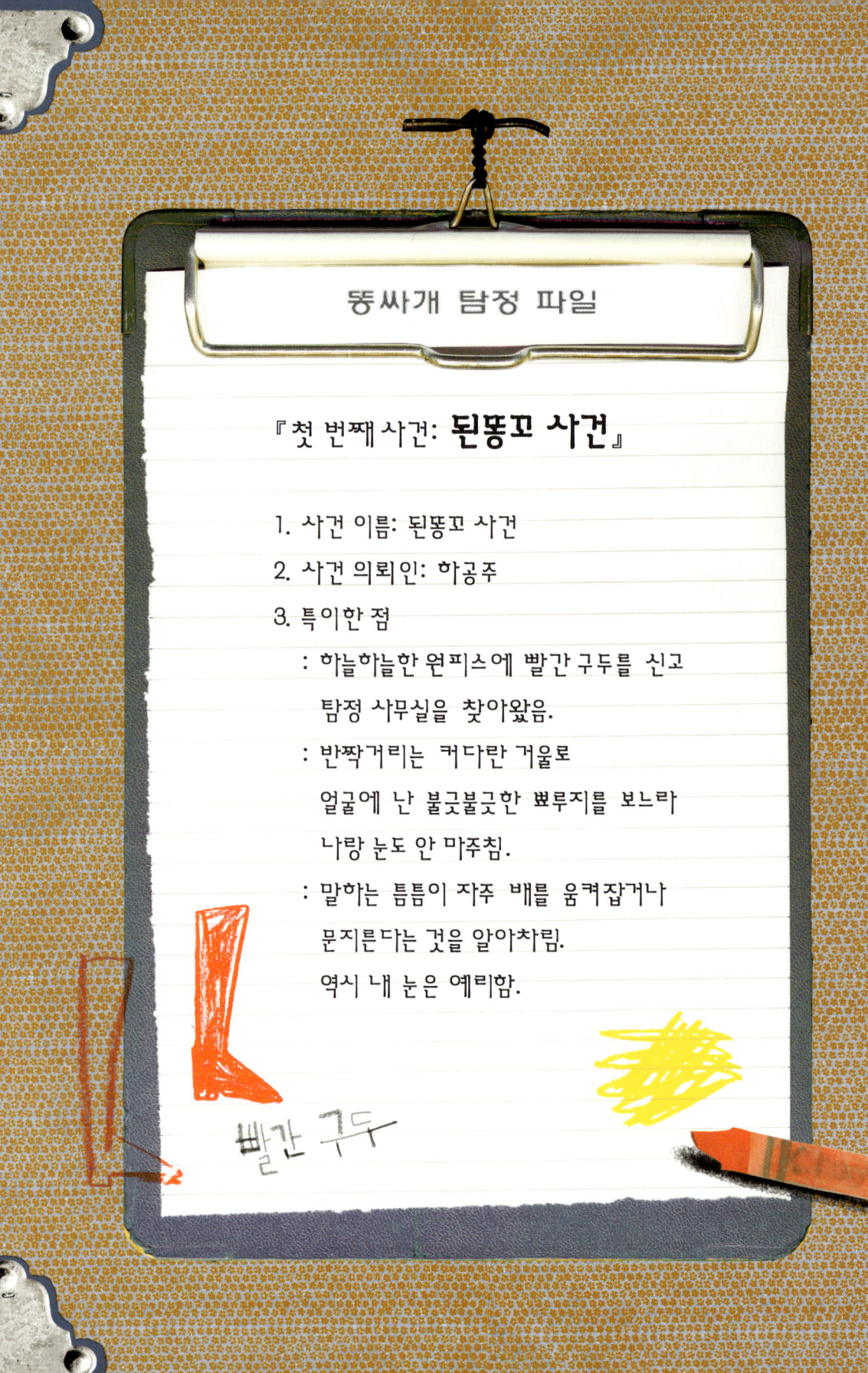

나는 하공주야.

난 배가 아파.

여기 이쯤, 아랫배가 꿍~

설사를 했냐고? 내가 그럴 여자애로 보이니?

난 설사를 하지 않았어. 절대로!

토 했냐고?

나 같은 여자애는 토하지 않아.

너 탐정 맞니? 내가 분명히 말했잖아.

난 배가 아플 뿐이라고. 꿍~

네가 자꾸 이상한걸 물어보니까 머리도 아프다. 꿍~

나더러 물을 마시라고? 너나 마시렴.

귤? 너나 먹으렴. 난 원래 과일 잘 안 먹어.

어머, 이건 고구마니? 너나 먹으라니까.

난 원래…….

알았다고!
넌 원래 고구마는
한 입도 안 먹는 괴상한
여자애라는 거지?

아무래도 방법을 바꿔야겠다.
하공주의 진술로 해결 실마리를
찾는 것은 힘들다.
아니, 하공주의 이야기를
듣고 있다가는
내 배가 아플 것 같다.
이럴 때 아주 좋은 방법이 있지.
연필로 표시만 하면 되고,
절대로 입을 열 필요가 없다.
흐흐흐, 자…….

〈똥싸개 탐정 질문지〉

질문을 읽고 자기에게 해당하는 경우에 O하시오.

❖ 하루 세 끼를 다 먹니?
  1. 한 끼 먹는다.
  2. 두 끼 먹는다.
  3. 세 끼 다 먹는다.

❖ 규칙적인 시간에 먹니?
  1. 마음 내킬 때만 먹는다.
  2. 한 끼 정도만 마음 내킬 때 먹는다.
  3. 규칙적으로 먹는다.

❖ 하루 동안 채소를 얼마나 먹니?
  1. 전혀 안 먹는다.
  2. 약간 먹는다.
  3. 많이 먹는다.

❖ 하루 동안 과일을 얼마나 먹니?
  1. 전혀 안 먹는다.
  2. 사과 한쪽 정도 먹는다.
  3. 사과 한 개 정도 먹는다.

욱, 입은 닫고 연필만 사용하면 되는데……. 하공주 수다는 정말 못말리겠군!

❖ 운동을 얼마나 하니?
1. 집에서 가만히 앉아 있다.
2. 집에 있기는 해도 많이 움직이는 편이다.
3. 바깥에 나가서 잘 논다.

나더러 하루에 세 끼나 먹냐고? 한 끼면 충분해. 그것도 새 모이만큼! 체크! 밥은 아무 때나 먹고 싶을 때 먹는 거야, 원래! 체크! 채소를 먹냐고? 과일을 먹냐고? 말했잖아, 난 원래 안 먹어, 안 먹어! 체크, 체크! 운동은 날마다 많이 하지, 숨쉬기 운동! 가만히 앉아 있다에 체크! 벼, 변기에 앉느냐고? 그런 부끄러운 질문을 하다니! 넌 정말 예의가 없구나. 그건 알려 줄 수 없어, 패스!

❖ 변기에 규칙적으로 앉니?
1. 절대 아니다.
2. 가끔
3. 매일 거의 같은 시간에 앉는다.

으, 하공주의 수다를 견뎌 낸 보람이 있군.
드디어 사건 해결의 실마리를 찾았거든.
하공주가 배가 아픈 이유는 바로…….
"넌 변비야, 하공주!"
"변기 얘기는 그만하라니깐!"
"아휴, 변기가 아니라 변비라고, 변비!"
"뭐, 그게 뭐야?"
"똥이 장 속에서 딱딱하게 굳어 잘 나오지 않는다는 거지. 네 속에 똥 있다고!"
"너, 그렇게 심한 말을! 흑!"
내가 뭘 어쨌다는 건지. 탐정 노릇도 힘들 때가 많다.
어쨌든 똥 얘기만 나오면 발끈하는 하공주에게 지금 필요한 건,
우리 몸속에서 똥이 어떻게 만들어지는지 아는 것!
그래야 똥 귀한 줄 알 테니까 말이야.

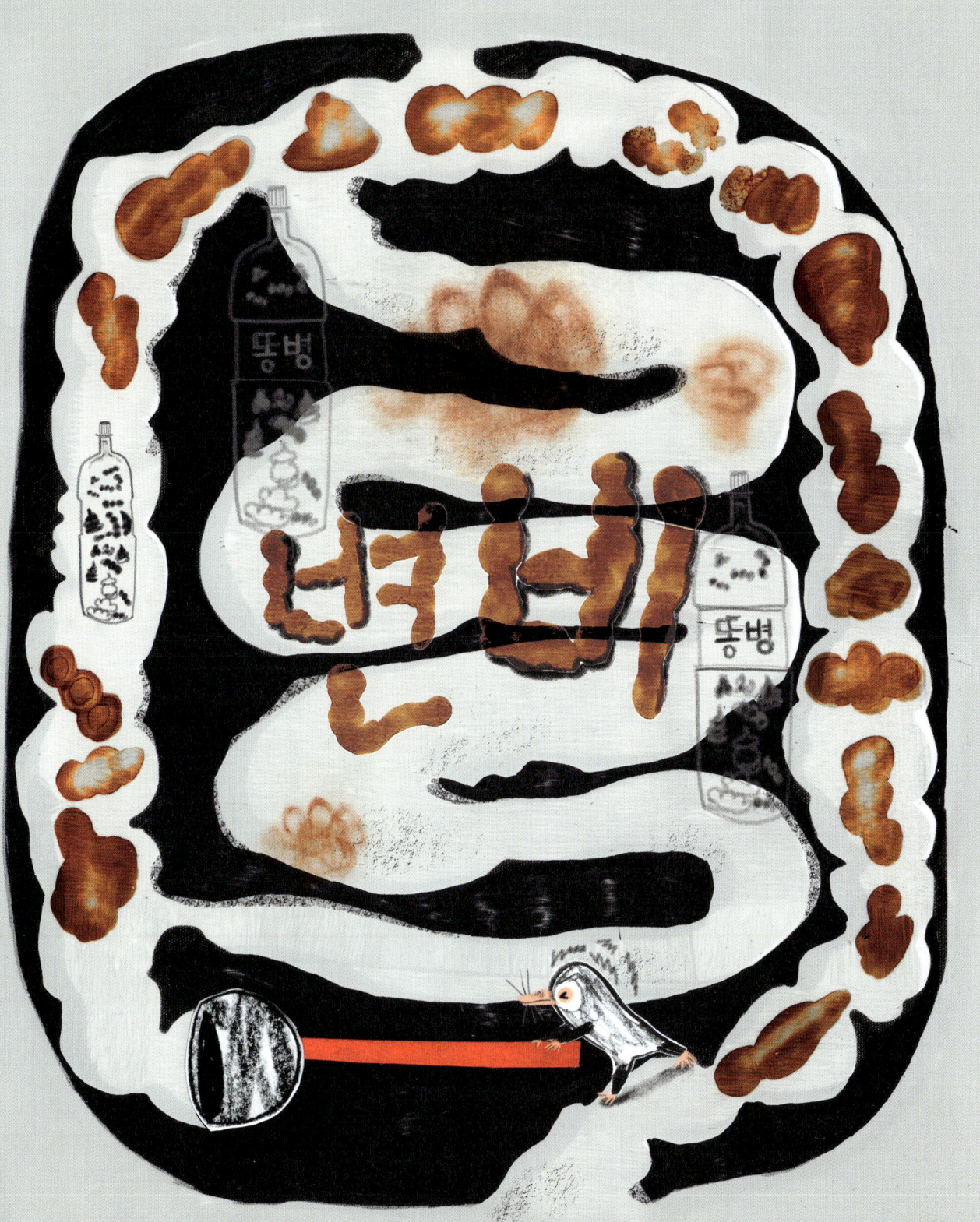

입
입 속에서는 혀와 이가
음식물을 잘게 부순다.
돌돌돌! 싹둑싹둑! 질겅질겅!

식도
꿀꺽, 목구멍으로 넘어간 음식물은
식도라는 길로 들어가.
식도는 파도처럼 쿨렁거리면서
음식물을 아래로 내려보내 주지.

위
위는 쿨렁쿨렁 움직이면서
음식물들을 뒤섞어.
게다가 3500개나 되는 구멍에서
쏟아져 나오는 소화액 때문에
음식물은 죽처럼 변하지.

똥을 만드는 길은 길어!

우리 몸속에는 똥을 만드는 길이 있어.
우리의 키보다 몇 배나 더 긴 길이 말이야.
그렇게 긴 게 어떻게 몸속에 들어 있냐고?
그러니까 구불구불 말리고 접혀서 들어 있지, 이렇게!
우리가 음식을 입에 넣는 순간,
음식은 입에서 똥구멍까지 하나로 이어진 기다란 길을 따라 여행을 시작해.
가다 보면 넓은 길도 있고, 좁은 길도 있지.
길이 끝날 때쯤 음식물 속의 영양소는 우리 몸속으로 들어가고,
필요 없는 것들은 우리 몸 밖으로 나오는 거야. 뿌지직!

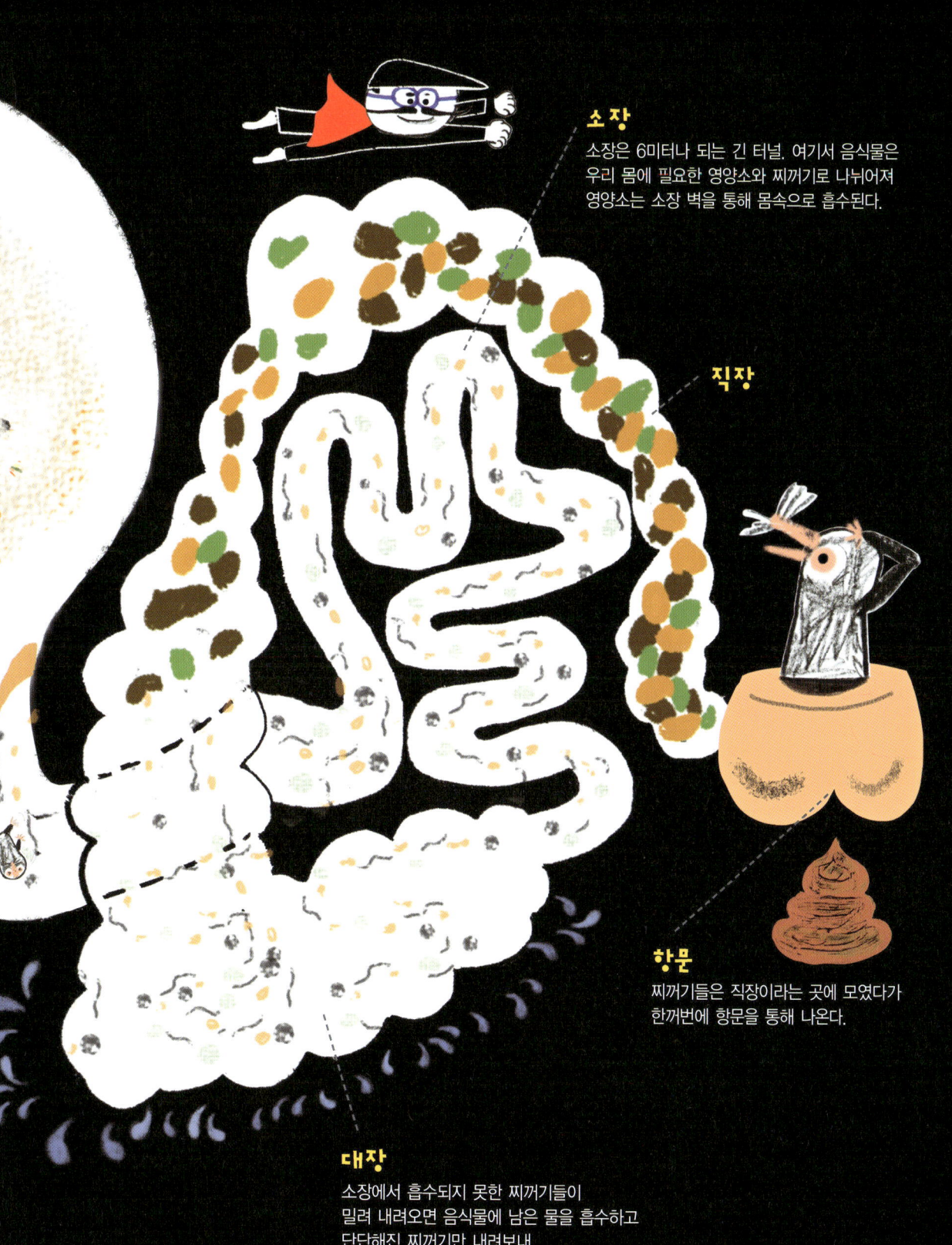

하공주에게 생긴 문제는 바로 그 '뿌지직'이야.
똥이 밖으로 나오지 못하고 직장에 너무 오래 머물러 있어서
아주 단단하고 물기 없는 똥이 된 거야.
그러니 배가 아파서 똥을 누려고 해도 잘 안 나와 끙끙거리기만 한 거지.
어쩌다가 그렇게 된 거냐고?
그건 하공주 입으로 벌써 다 말했는걸!
어쨌든 나는 하공주가 변비에서 탈출해서 진정한 똥싸개가 되길 바라.
하공주가 좀 특이하지만 '진정한 똥싸개 수칙'을
잘 지킬 거라고 믿어.

[진정한 똥싸개 수칙]

변비 탈출

1. 하루에 겨우 한 끼만 먹는다고?
그것도 새 모이처럼? 게다가 채소나 과일은 절대 안 먹고?
안 돼! 먹는 습관을 싹 바꿔! 바꿔!

섬유질이 풍부한 채소나 과일을 많이 먹어 봐!
채소와 과일 속에는 식이섬유라는 것이 있어서 부드러운 똥을 만들어 준다고.
변비에 좋은 채소와 과일을 먹을 때는 갈아 먹거나 주스로 먹는 것보다는
씹어 먹는 게 더 좋아. 와사삭!
감, 바나나 같은 과일이나 아이스크림, 치즈, 초콜릿은
변비가 있을 땐 안 먹는 것이 좋아.
참, 햄버거나 라면 같은 패스트푸드도 자주 먹지 않도록!

2. 운동은 숨쉬기 운동만 한다고?
하나, 둘, 하나, 둘! 운동하자, 운동해!

운동을 하면 대장이 활발하게 움직여. 대장이 운동을 시작하면
얼마 있지 않아서 화장실에 가고 싶어질걸! 그러니까 숨쉬기 운동만 하지 말고
밖에 나가서 운동하자. 넌 무슨 운동 좋아해?

3. 변기는 부끄러운 말이 아니야! 변기와 친해져 봐!

변기에 앉아 있는 게 힘들었던 기억 때문에
변기에 앉기가 싫고 두렵니?
편안한 시간에 하루에 3번 정도 변기에 앉는 것부터 시작해 봐.
처음엔 30초 정도 앉아 있다가 차차 늘려서 5분 정도까지.
그러면서 변기와 친해지는 거지.
아침밥을 먹고 난 뒤 10-15분 정도 변기에 앉는 습관을 가져 보기.
똥이 나오지 않아도 걱정하지 말고 재미있는 생각을 하면서 앉아 있어 봐.

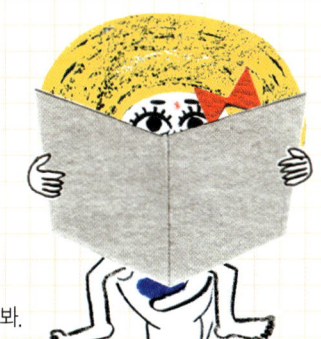

똥싸개 탐정 파일

『두 번째 사건: **물똥폭탄 사건**』

1. 사건 이름: 물똥폭탄 사건
2. 사건 의뢰인: 이기절
3. 특이한 점
   : 배가 아프다고 말함과 동시에 입으로 토하고 똥구멍으로 연신 물똥을 쌈.
   : 물똥이 폭탄처럼 터져 나와 몹시 지쳐 보임.

나는 이기절이야. 난 배가 아파.
윽! 자, 잠깐만, 화장실이 어디니?
뿌지직 푸지직 칙푹칙 팍!
미안. 난 오늘 점심 먹은 뒤부터 배가 아팠어.
사르르 살살 아팠다가 팍팍 쑤시는 것처럼 아팠다가…….
화장실을 얼마나 드나들었게?
쉴 새 없이 설사가 폭탄 터지듯이 터져 나오는 거야.
화장실 문 밖에 있던 아이들이 그 소리를 듣고 얼마나 웃고 놀리던지.
그것만이 아냐. 입으로는 연신 으웩, 웩 토해 내고…….
앗, 화, 화장실!
파파팟! 뿌지직 팟!
휴, 미안!
앗, 다시 미안! 팟 파파파파파팟!
다리가 후들후들 떨린다.
이제 더 이상 말할 기운도 없어. 그러니까…….

"도와줘, 똥싸개 탐정!"

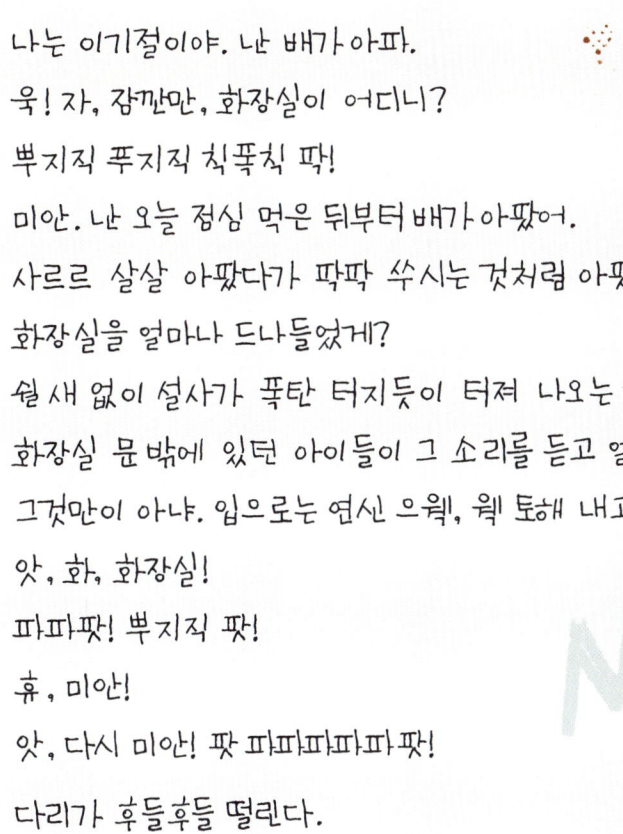

오늘 점심에
멸 먹었니?

현장학습을 가서
엄마가 싸 준 김밥을 먹었어.

늘 먹던 거니?

오늘은 계란 대신 햄이
들어 있어서 더 맛있었어.

밥 먹기 전엔 멸 했어?

친구들하고 모래로
멋진 우주 기지를
만들었어.

그거 멋지네!
또 멸 했니?

축구랑 야구도 하면서
한참 놀다가 집에 갔어.

무슨 맛 햄인데?

빨리 먹고 놀려고 마구 먹어서
맛은 잘 기억이……

 배가 엄청 고팠겠다!

응. 그런데 엄마가 안 계셔서
내 용돈을 갖고 뭘 좀 사 먹으러
나갔어, 쩝.

 뭘 사 먹었어?

있지, 친구가 햄버거를 먹는 걸 보고
한 입만 달라고 했더니 가방에서 아예
하나를 꺼내 주지 뭐야.
어제 샀는데 깜빡 잊고 안 먹었대.
이런 횡재가 있니!

 정말 운이 좋구나, 너!

거기까진 좋았는데,
집에 오자마자
배가 아프기 시작한 거야.
엄마도 안 계시고. 그래서……

 나를 찾아온 거구나!
잘했어! 그리고……
난 벌써 범인,
아니 원인을 찾아냈는걸!

아니, 벌써?
그게 뭔데?

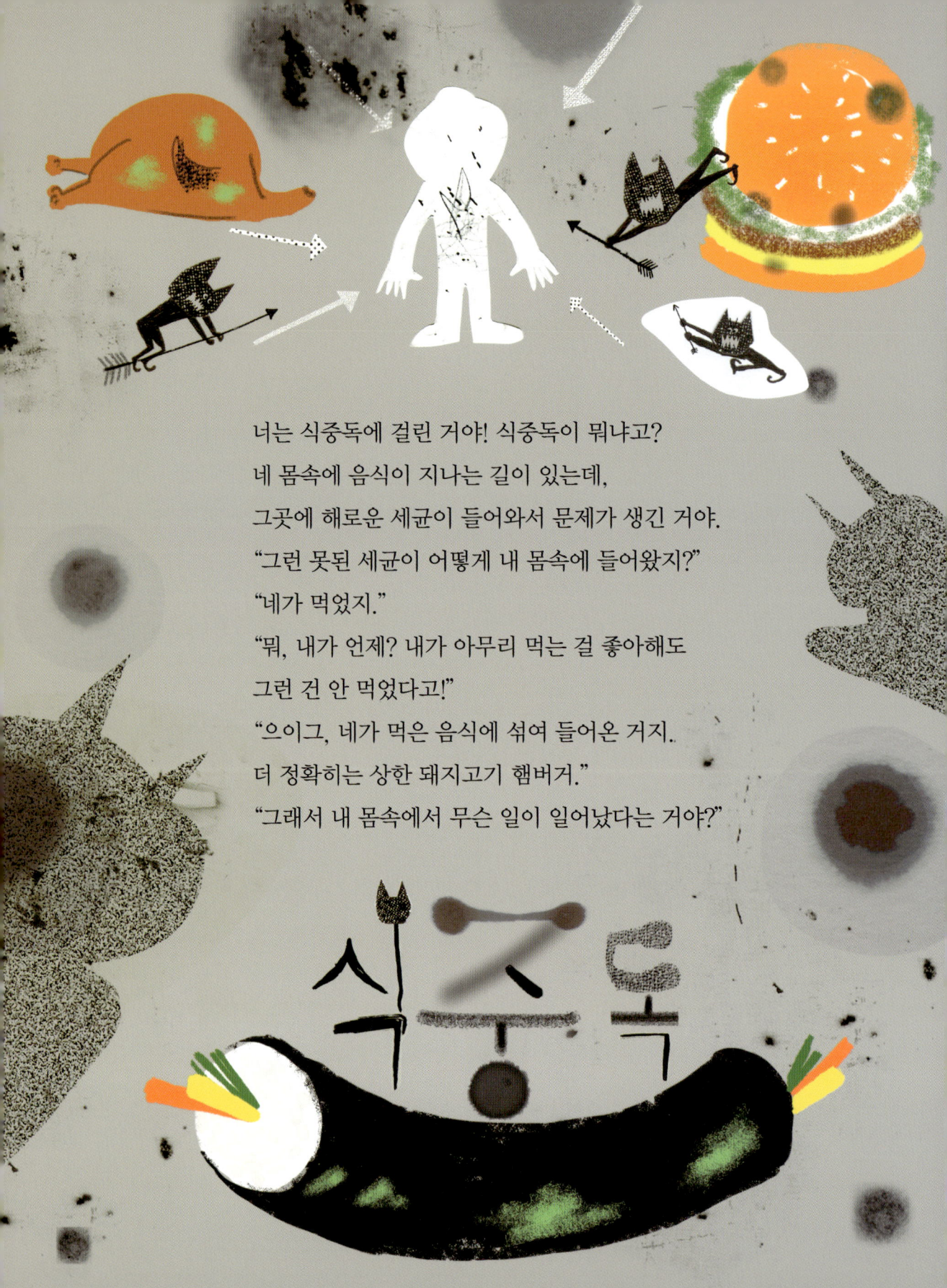

너는 식중독에 걸린 거야! 식중독이 뭐냐고?
네 몸속에 음식이 지나는 길이 있는데,
그곳에 해로운 세균이 들어와서 문제가 생긴 거야.
"그런 못된 세균이 어떻게 내 몸속에 들어왔지?"
"네가 먹었지."
"뭐, 내가 언제? 내가 아무리 먹는 걸 좋아해도
그런 건 안 먹었다고!"
"으이그, 네가 먹은 음식에 섞여 들어온 거지.
더 정확히는 상한 돼지고기 햄버거."
"그래서 내 몸속에서 무슨 일이 일어났다는 거야?"

"천천히 움직여야 영양소가 충분히 흡수되지."

세균을 삼킨 소장

구불구불 소장 기억나지?
여기서 깜짝 퀴즈! 소장에서 음식물이 움직이는 속도는 얼마게?
바로 1초에 1센티미터!
엄청 느리다고? 맞아! 그렇게 느리게 움직이는 이유가 있지.
소장은 우리가 먹은 음식에서 영양소를 흡수하는 곳이야.
천천히 움직이면서 충분히 영양소를 흡수하는 게 좋지.
그런데 해로운 세균이 들어와 자극을 주면,
음식물이 충분히 머물지 못하고 빠르게 빠져나가 버리는 거야.
1초에 25센티미터 정도로 빠르게!
영양소와 물이 충분히 흡수되지 못한 채 빠져나가 버려서
푸지직 팍팍, 물똥폭탄이 되는 거지!

"빠름! 빠름! 빠름!"

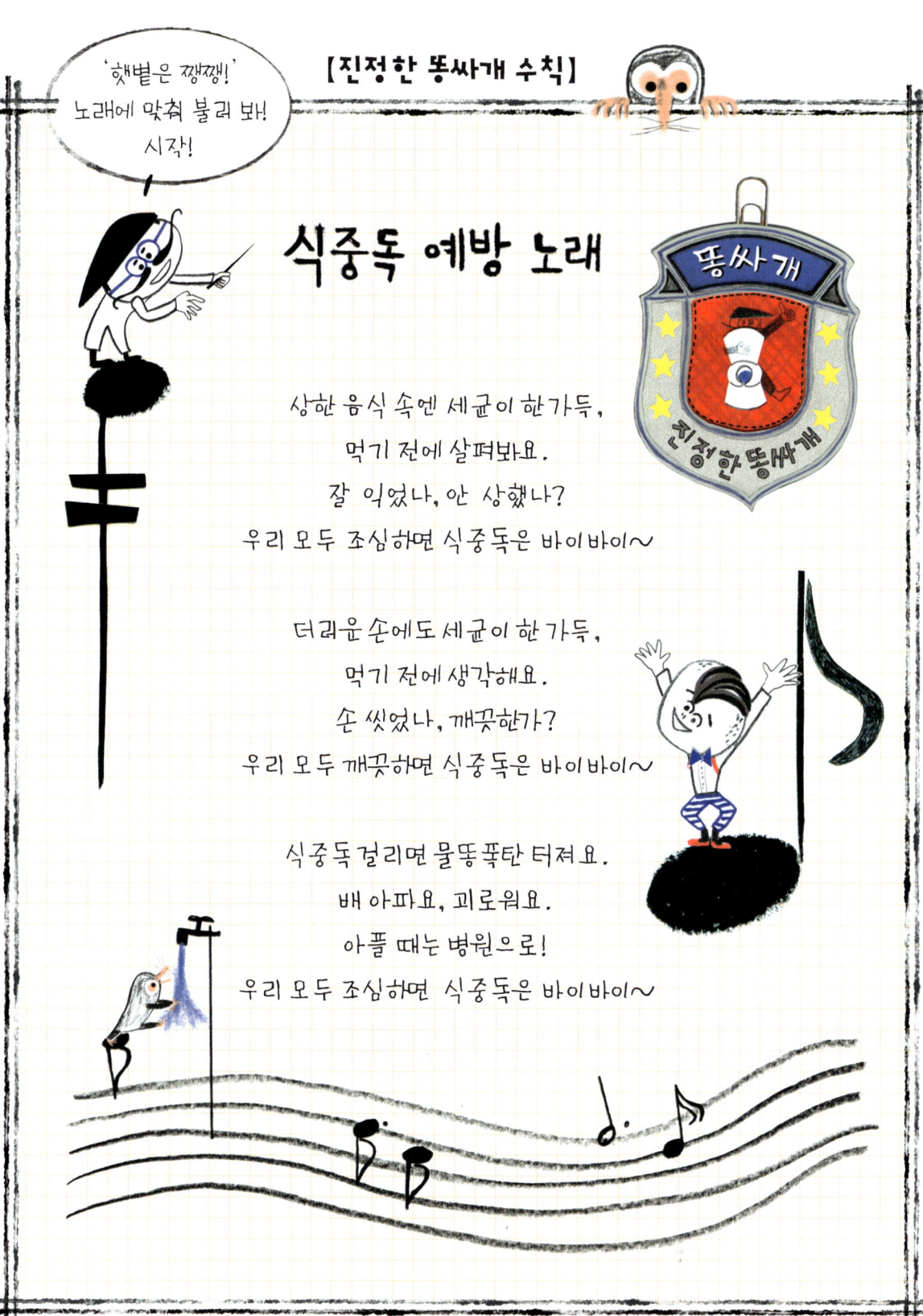

똥싸개 탐정 파일

『세 번째 사건: **위빵빵 사건**』

1. 사건 이름: 위빵빵 사건
2. 사건 의뢰인: 위대한
3. 특이한 점
   : 숨도 잘 쉬지 못하고 헐떡거림.
   : 빵빵하게 부푼 배를 건드리지도 못하게 함.
   : 건드리면 터지는 폭탄이라도 되는 것처럼.

나는 위대한이야.
욱, 배가 터질 것 같아!

"도와줘, 똥싸개 탐정!"

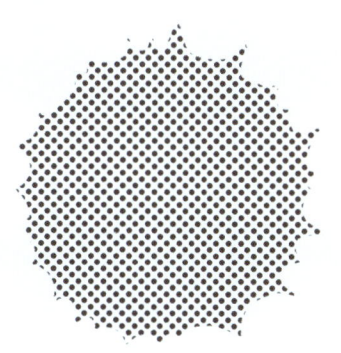

왕벌에게 쏘였나?
왕풍선껌을 삼켰나?
뱃속에 폭탄이라도
째깍거리고 있는 거야?
무슨 일이야?

나는 차분한 마음으로 질문을 시작했다.

"여기 오기 전에 뭘 했니?"

"배가 고파서 뭘 좀 먹었어."

"그래? 뭘 먹었는데?"

"치즈 햄버거랑 치킨 햄버거. 또……."

"또?"

"짜장면 곱빼기랑 탕수육, 그리고……."

드디어 위대한의 대답이 끝났고,
난 위대한에게 무슨 일이 있었는지 알아냈다!

"위대한, 그만 말해도 돼. 범인을 찾았어!"
"뭐, 벌써?"
"그래, 넌 너무 많이 먹어서 그래!"
"내가?"
위대한은 믿기지 않는다는 표정을 지었다.
기가 막혀서!
그런 위대한을 위해 위에 대해
좀 알려 주고 넘어가야겠다.

위대한 위

우리 위에는 과연 음식이 얼마나 들어갈 수 있을까?
사람마다 다르지만 보통 1-2리터쯤.
1.5리터 페트병 속에 든 물을 위에 담는다고 치면, 콸콸콸 다 담아도 남지.
음식이 채워질수록 처음엔 바람 빠진 풍선 같던 위 모양이 달라져.
어떻게 이럴 수 있냐고?
위 안쪽은 수많은 주름이 주글주글 있는데,
우리가 음식을 먹으면 주름이 펴지면서 많은 음식을 담을 수 있는 거야.
위는 음식의 양에 따라 세 배까지도 늘어날 수 있지.

아무리 위대한 위라도
한꺼번에 너무 많은 음식이 들어오면
부담이 돼서 소화가 잘 안 돼.
더 많이 음식을 주물럭거려야 하고,
더 많은 소화액을 내보내야 하니까.

[진정한 똥싸개 수칙]

과식은 이제 그만!

1. 꼬박꼬박 먹기!

배가 고플 때는 보통 때보다 더 많이 먹게 돼.
하루 세 번 규칙적으로 먹는 습관을 기르면
한꺼번에 많이 먹는 일이 줄어들 거야.

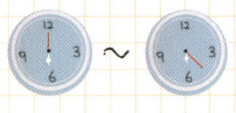

2. 천천히 꼭꼭 씹어 먹기!

음식을 먹고 배가 부르다고 느끼기까지 20분이 걸려.
급하게 먹으면 배부르다고 느낄 새도 없이 계속 먹게 돼.
그러니까 천천히 꼭꼭 씹어서 20분 이상 먹자.

3. 먹을 땐 먹기만 하기!

먹으면서 텔레비전을 보면
배가 부른데도 나도 모르게
계속 먹게 되니까
밥 먹을 땐 밥에 집중!

자, 이걸 냉장고에 붙여 놔!

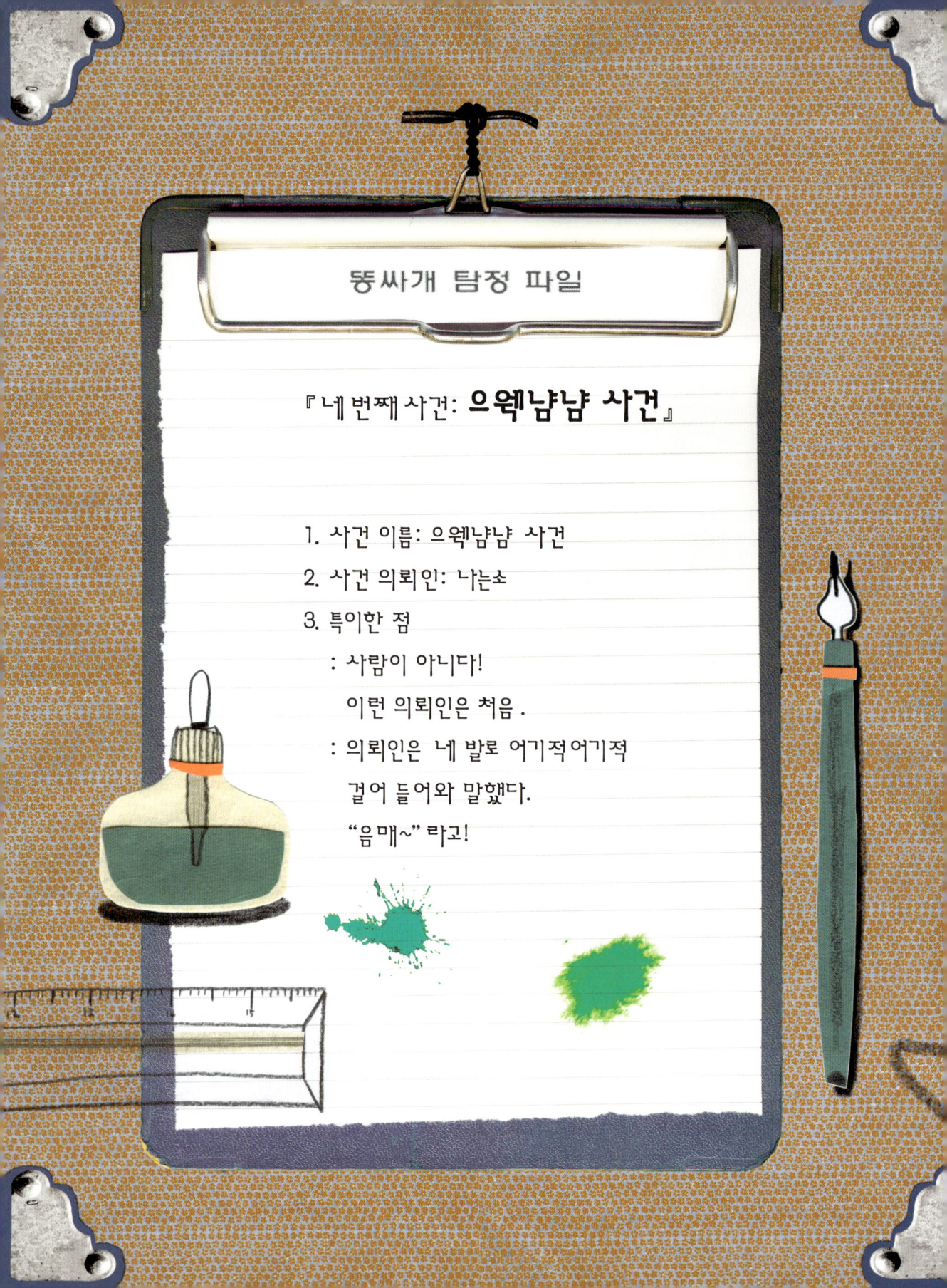

음매~ 내 이름은 나는소야.
나는 자꾸 먹은 걸 토해.
내가 가장 좋아하는 풀을 뜯어 먹을 때도,
농부 아저씨가 맛있게 끓여 준 죽을 먹을 때도,
처음엔 맛있게 먹다가 다시 토하는 거야. 욱!
문제는 그게 다가 아냐.
이건 정말로 비밀인데 사실은, 난 말이야…….
토한 걸 다시 먹는다고!
이 사실이 세상에 밝혀지면 아무도 나랑 안 놀 거야.
제발,

"도와줘, 똥싸개 탐정!"

나는 이 사건을 맡을 수 없어. 왜냐하면…….

"나는소야, 넌 정상이야!"
그랬다!
나는소가 먹은 것을 토하고
그것을 다시 씹어서 삼키는 것은 조금도 이상하지 않다.
원래 소는 그런 동물이니까!

나는소의 위

이것이 나는소의 위이다.
여기가 위. 하나, 둘, 셋, 넷, 네 개나 된다.
나는소에게 "너는 위가 네 개야."라고 말해 줬더니,
"그건 또 무슨 병이야, 엉엉!" 하고 또 운다. 쯔쯧!
소의 위가 네 개인 것도 정상.
이렇게 네 개의 위가 필요한 이유는 되새김질 때문이다.
되새김질은 삼킨 먹이를 다시 토해 내 씹는 것.
나는소가 음식을 먹는 순서를 표시해 보면 이렇다.

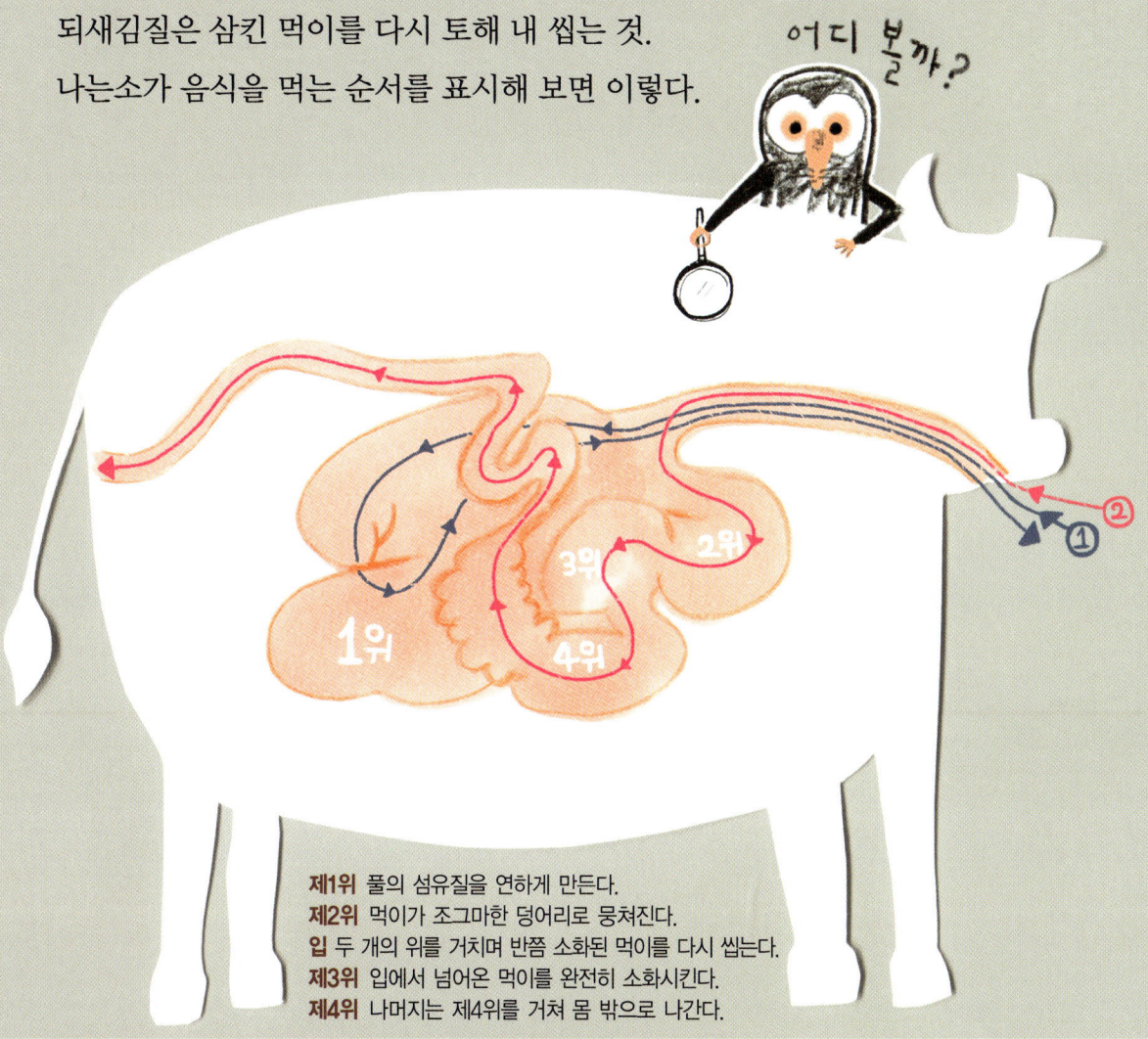

제1위 풀의 섬유질을 연하게 만든다.
제2위 먹이가 조그마한 덩어리로 뭉쳐진다.
입 두 개의 위를 거치며 반쯤 소화된 먹이를 다시 씹는다.
제3위 입에서 넘어온 먹이를 완전히 소화시킨다.
제4위 나머지는 제4위를 거쳐 몸 밖으로 나간다.

동물 위장 뽐내기

닭

나는 이빨이 없는 대신 이빨을 대신할 만큼 강력한 위가 있지!
나는 모래나 작은 돌 등을 일부러 먹어.
왜냐고? 그것들을 모래주머니라고 부르는
위의 뒷부분에 저장해 두었다가
음식을 소화시킬 때 모래와 돌 조각을
이용해서 먹이를 부수거든.

잔말 말고 다 먹어.
모래를 먹어 두어야
소화가 잘 되지.

엄마, 모래하고
돌은 맛이 없어요.

지렁이

우리도 닭의 모래주머니랑 비슷한 게 있어.
이빨이 없기 때문에 흙이나 모래를 삼킨 뒤에
모래주머니에서 잘게 부숴 창자로 내려보내.

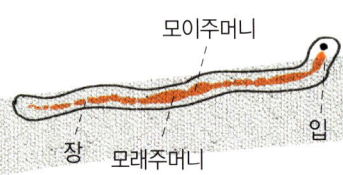

달팽이

알지? 우리가 먹는 것에 따라 똥 색깔도 다르다는 걸.
그런데 왜 그런지도 알고 있니?
그건 우리가 음식물의 색소를 흡수하지 못하기
때문이야. 그래서 먹이에 들어 있는 색소가
똥에 섞여 나오는 거야.

새

내 물똥, 머리에 맞아 본 적 있니?
우리는 네가 설사에 걸렸을 때처럼 굉장히 묽은 똥을 싸.
항상 설사를 하니 안됐다고? 모르는 말씀.
우리 똥을 자세히 보면 거뭇거뭇한 것이 보이는데,
그게 바로 똥이고 나머지는 오줌이야.
우리는 똥과 오줌을 한꺼번에 싼다는 말씀!

모이주머니
위
모래주머니
장

사자

우리처럼 고기를 먹는 육식 동물은 소화를 빨리 해야 해.
고기는 장에 오래 머무르면 썩으면서
안 좋은 걸 만들어 내거든.
그래서 장 길이도 초식 동물보다 짧아.

알았지?
동물들의 소화 기관은
뭘 먹느냐에 따라 다르다는 걸.
자, 나눈소는 안심하고 돌아갔고
똥싸개 탐정 임무 완수!

똥싸개 탐정 파일

『다섯 번째 사건: 마음똥 상처똥 사건』

1. 사건 이름: 마음똥 상처똥 사건
2. 사건 의뢰인: 한소심
3. 특이한 점

 : 얼굴도 작고, 몸도 작고, 목소리도 작은 의뢰인.
   말하는 동안 내 눈을 보지 못하고 땅바닥만 쳐다봄.
 : 말을 하면 할수록 목소리가 작아져서
   마지막에는 귀를 쫑긋 세워야 들릴 정도였음.
 : 어제와 오늘 상한 음식을 먹은 적이 없고,
   음식을 먹을 때마다 손을 잘 씻고,
   채소나 과일을 잘 먹고, 물도 충분히 먹고 있고,
   똥도 규칙적으로 누고 있고,
   한꺼번에 많은 양의 음식을
   먹은 적도 없음.

나는 한소심이야.

나는 배가 아파.

아주 심하게 배가 아플 때도 많고 가끔 토하기도 해.

나를 진찰한 의사 선생님은 내게 아무 이상이 없다고 하셨어.

그런데도 자꾸 배가 아파서…….

"도와줘, 똥싸개 탐정……."

그런데 왜 배가 아플까?

"너 뭔가 숨기고 있구나.
네 마음을 말해 줘, 한소심."

한소심의 속마음

엄마와 아빠는 민지를 예뻐하신다.
나보다 다섯 살 어린 내 동생 민지를
세상에서 제일 예뻐하신다.
가만히 있어도 예쁘고, 노래를 불러도 예쁘고,
웃어도 예쁘고, 심지어 울어도, 떼를 써도
엄마 아빠 눈에는 민지가 예뻐 보이나 보다.
민지는 아무 노력 하지 않아도
엄마 아빠의 사랑을 받는다.
엄마 아빠가 나한테 관심을 보일 때는
시험 점수를 물어볼 때뿐이다.
시험 점수가 좋으면 엄마 아빠는 나를 칭찬해 주신다.
시험 점수가 나쁘면…….
엄마 아빠는 나를 사랑해 주시지 않을 것 같다.
그래서 난 시험을 잘 보기 위해 힘든 것도 참는다.
민지는 아무 노력하지 않아도
엄마 아빠의 사랑을 받는데…….

마음 때문이야!
소심아, 네가 배가 아픈 건 질투 때문이야.
동생 민지에게 엄마 아빠의 사랑을 빼앗긴 것 같지?
아무 노력도 하지 않는 동생이
엄마 아빠의 사랑을 독차지하는 게 싫지?
너도 엄마 아빠의 관심을 받고 싶을 거야.
소심아, 네가 배가 아픈 건 불안하기 때문이야.
시험을 못 보면 엄마 아빠가 널 쓸모없는
아이로 여길까 봐 불안하지?
엄마 아빠의 관심과 사랑을
영영 잃을까 봐 불안하지?
너도 아무 걱정 없이 엄마 아빠의 사랑을
받고 싶을 거야.

섬세한 위, 과민한 대장

위는 단순한 밥주머니가 아니다.
우리가 화를 낼 때 위도 같이 흥분하고 기분 나빠 한다.
그만큼 우리 감정이나 상태에 민감하게 반응하는 거지.
우리가 편안한 상태로 있거나 잠을 잘 때 위는 아주 천천히 움직이고,
흥분할 때는 위액을 마구 쏟아 내면서 심하게 움직인다.
엄마한테 야단맞고 풀이 죽어 있을 때 음식을 먹으면 잘 체한다.
위도 풀이 죽어 안 움직이니까 소화가 잘 안 되는 거다.
긴장하면 배가 아프고 설사가 자주 나는 것도 마찬가지.
대장이 감정에 영향을 받아 민감하게 반응해서
변비나 설사가 될 수도 있다.

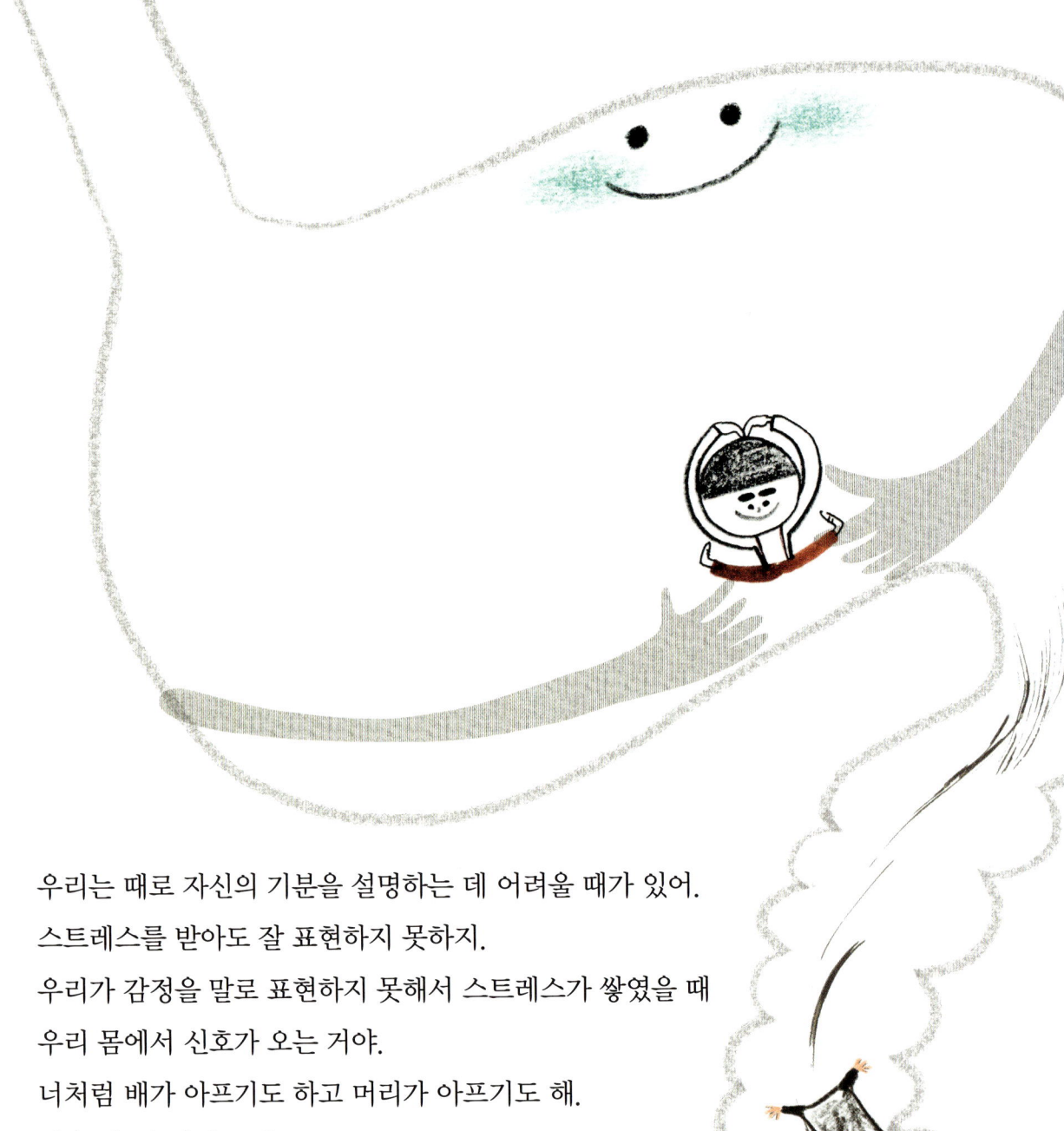

우리는 때로 자신의 기분을 설명하는 데 어려울 때가 있어.
스트레스를 받아도 잘 표현하지 못하지.
우리가 감정을 말로 표현하지 못해서 스트레스가 쌓였을 때
우리 몸에서 신호가 오는 거야.
너처럼 배가 아프기도 하고 머리가 아프기도 해.
잠을 잘 못 자기도 하고,
음식을 먹고 싶은 생각이 싹 사라지기도 하고.
오줌도 자주 마렵고 심지어 오줌을 싸게 될 때도 있어.
이럴 때 "나 배가 아파요."라는 말은
"나 지금 스트레스 받고 있어요!"라는 말과 같은 거지.

스트레스를 무엇 때문에 받는지는 사람마다 다 달라.
나는 엄마가 체조 교실에 가라고 하는 게 끔찍하게 싫어.
하지만 옆집 하경이는 체조가 세상에서 가장 재미있대.
나한테 체조는 스트레스가 되지만,
하경이한테는 세상에서 가장 재미있는 놀이야.
반대로 하경이는 줄넘기가 끔찍한 스트레스지만,
나한테 줄넘기는 누워서 식은 죽 먹고
재주 한 번 구르기만큼 재미있지.
스트레스를 주는 원인은 다 다르지만 중요한 건,
누구나 스트레스를 조금씩은 받는다는 거야.

소심이는 엄마 아빠한테 솔직하게 마음을 털어놨어.
수줍은 소심이가 그럴 용기를 냈다니! 박수 짝짝짝!
나는 소심이에게 나만의 '자신감 짱짱 주문'을 전해 주었어.
이 주문을 종이에 커다랗게 적어서 벽에 붙여 놓고,
긴장이 되거나 스트레스를 받을 때마다 큰소리로 읽어 보라고 말이야.
이렇게!

[진정한 똥싸개 수칙]

자신감 짱짱 주문

"전에 해 본 일이니까 다시 할 수 있어!"

"난 이 일을 해낼 수 있어!"

"최선을 다하면 되는 거야!"

"실수 좀 해도 괜찮아!"

"서두르지 말고 하나씩 해 나가자!"

"내가 감당할 수 있는 문제야!"

"난 잘했어. 괜찮았다니까!"

너만의 자신감 짱짱 주문으로 빈칸을 채워 줘!

화이팅!

얼마 뒤 난 한소심한테서 편지를 받았어.

편지 배달이오~!

안녕, 똥싸개 탐정!

내 기분을 솔직하게 말하자 엄마 아빠도 달라졌어.
나한테 관심을 가지려고 노력하시는 것 같아.
나는 내가 그림을 아주 잘 그린다는 걸 알고는 아주 기뻤어.
엊그제 시험을 볼 때는 배가 아프지도 않았단다.
이제 조금만 더 지나면 완전히 사라질 거야. 말끔히 말이야!
네가 적어 준 '자신감 짱짱 주문'은
여전히 열심히 외우고 있어.
내가 새로 덧붙인 주문을 똥싸개 탐정 너에게 알려 줄게.
그건 "난 잘하고 있고 앞으로도 잘할 거야!"야.
안녕!

소심이가.

난 한소심이 잘 해내리란 걸 알고 있었어.
당연하지, 난 탐정이니까!

자, 이제 난 또 사건을 해결하러
가 봐야겠어! 잊지 않았지?
세상에는 하고많은 탐정이 있지만
나는 배탈 똥탈 전문 탐정 똥싸개 탐정이야!
내가 필요할 땐 언제든지 외쳐 줘!

"도와줘, 똥싸개 탐정!"

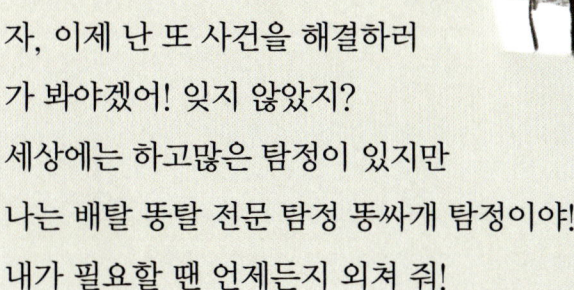

〈부모님이 읽어 보세요〉

김성찬 원장님이 들려주는
우리 아이 몸과 마음 이야기

　아이들은 제 몸속에서 일어나는 일들을 궁금해 하고 신기해 합니다. 볼 수 없고, 만질 수 없는 몸속에서 무슨 일인가가 끊임없이 벌어진다는 사실이 아이들의 호기심을 자극하지요. 특히 몸속 생리 현상을 자기 마음대로 조절할 수 없다는 데 더욱 큰 흥미를 느낍니다. 무서우면 왜 자기도 모르게 가슴이 쿵쾅거리는지, 부끄러우면 왜 자기도 모르게 얼굴이 빨개지는지, 긴장하면 왜 자기도 모르게 배가 살살 아픈 건지 아이들은 묻고 또 묻습니다.

　부모님들은 아이들의 이런 질문에 시원하게 대답하지 못해 쩔쩔맨 경험이 있을 거예요. 사실 보이지 않는 우리 몸속 작용을 아이들이 이해하기 쉽게 설명하기란 여간 어려운 일이 아닙니다. 그럴 때 아이와 함께 〈스콜라 우리 몸 학교 시리즈〉를 보면서 아이의 호기심에 공감해 주고, 질문에 대한 답을 찾아가는 여정을 함께해 보세요. 이 책은 우리 몸속에서 일어나는 일들에 대해 아이다운 호기심으로 접근하고 있어, 아이들이 몸속 생리 현상에 관한 지식을 재미있게 습득할 수 있을 거예요. 몸과 마음의 건강을 함께 돌봐야 한다는 소중한 깨달음도 얻을 수 있고요.

　사실 많은 사람이 우리 몸속 생리 현상이 마음과 무관하게 작용하고 있다고 생각합니다. 과학이 발전하면서 몸과 마음이 하나로 연결되어 있다는 사실을 알게 된 후에도 여전히 '몸 따로, 마음 따로'라고 생각하는 사람이 많고요. 하지만 우리 몸속 생리 현상은 마음과 아주 밀접한 관계가 있습니다. 마음의 갈등이 깊어져 몸 여기저기가

아프기도 하고, 지나치게 많은 활동으로 지치고 무력해져 우울증 같은 마음의 병이 오기도 합니다. 이렇게 몸과 마음은 칼로 무 자르듯 그리 쉽게 나눠질 수 있는 게 아니지요.

　실제로 아이들과 상담을 하는 중에 이런 예를 종종 찾아볼 수 있습니다. 아이들은 엄마와 떨어지기 싫을 때 '배가 아프다', 부모님이 동생만 예뻐한다고 느낄 때 '힘이 없다'고 표현하기도 하거든요. 마음속 갈등이나 좋지 않은 감정을 몸에 대한 말로 바꾸어 표현하는 것이지요. 아이들이 일부러 감정을 에둘러 표현해서 그런 것이 아니라, 아직 자신의 감정을 잘 표현할 수 있을 정도로 표현 능력이 충분히 무르익지 않았기 때문입니다. 또한 실제로 충분히 표출되지 못한 갈등과 감정을 최종적으로 몸이 받아 내어 그 신호를 내보내게 되는 것이기도 하고요. 그러니까 부모님들은 아이들과 대화할 때 아이가 신체에 대해 표현한 것이 사실은 마음을 나타내는 메시지일 수도 있다는 생각으로 보는 것이 좋습니다. 〈스콜라 우리 몸 학교 시리즈〉를 통해 우리 아이들이 몸과 마음의 관계를 바르게 알고, 몸과 마음의 건강을 함께 돌보는 건강한 아이로 성장하기를 바랍니다.

서울탑마음클리닉 소아청소년정신과 원장 김성찬

스콜라 우리 몸 학교 ❶

도와줘요, 똥싸개 탐정! 배탈 똥탈이 났어요

초판 1쇄 발행 2013년 9월 10일 **초판 11쇄 발행** 2024년 3월 6일

글 신순재 **그림** 이희은
펴낸이 이승현

출판3 본부장 최순영
교양 학습 팀장 김솔미 **편집** 허은실, 김민정
키즈 디자인 팀장 이수현 **디자인** 조은화

펴낸곳 ㈜위즈덤하우스 **출판등록** 2000년 5월 23일 제13-1071호
주소 서울특별시 마포구 양화로 19 합정오피스빌딩 17층
전화 02) 2179-5600
홈페이지 www.wisdomhouse.co.kr **전자우편** kids@wisdomhouse.co.kr

ⓒ 신순재, 이희은 2013

ISBN 978-89-6247-384-1 74400
ISBN 978-89-6247-387-2 74400(세트)

* 이 책의 전부 또는 일부 내용을 재사용하려면 반드시 사전에 저작권자와
  ㈜위즈덤하우스의 동의를 받아야 합니다.
* 인쇄·제작 및 유통상의 파본 도서는 구입하신 서점에서 바꿔드립니다.
* 책값은 뒤표지에 있습니다.